韓国人留学生の私が日本人とつきあったら

ダーリンは
ネトウヨ

クー・ジャイン　著

クー・ジャイン / 金みんじょん　訳

Moment Joon　解説

明石書店

プロローグ

日本に着いた。

思いのほか、荷物は少なかった。

スーツケースひとつに楽器ケースひとつ

私はたぶん、どこかへ旅立ちたかったのだと思う

私のことを誰も知らないところへ

ちょっとくらい、

別人として生きていける場所へ

勉強はもちろん

音楽も学んで、

友だちもつくろう。

淡いピンクの桜が春空を彩り、私を迎えてくれた。

花びら一枚に夢と、

花びら一枚に愛と、

絵と音楽と、

憧れと詩と、

めぐる季節の空には春がいっぱいだった。

そうだな、運がよければ恋だってするかもな…

そういう漠然とした気持ちで大学の門を叩いた。

はじめに

本書は日本で留学生活を送る一人の外国人の物語です。
日本で過ごした日々、友だち、そして「ダーリン」との出会い。

「日本語じょうず！」
「発音が外国人っぽい」
「韓国人ってそういうところあるよね」
「韓国人？　整形してる？」

桜の花びらとともに平穏に始まる物語の先行きは怪しそうです。

留学生活を終えてずいぶん経ちました。

今、うーちゃんは呪縛が解け、ようやく自分の傷を認識し、
位置づけ、また自分の中に消化していくような作業をしています。

本書はある意味、その作業の過程をお見せしているのかもしれません。

うーちゃんの物語がみなさんにとって
自分自身の足元を見つめる勇気となるよう願っています。

第3章 見て見ぬふり

第4章 必然

オーケストラサークルのメンバーたち

登場人物

うーちゃん

期待と憧れを胸に
日本に来た韓国人留学生。
絵と音楽が好き。
楽器はクラリネット。

みーこ

流行りに詳しい。
楽器はバイオリン。

しおり

スイーツ好き。
楽器はコントラバス。

先輩組

あっちゃん

頼れるサークル部長。
楽器はトロンボーン。

さとし

気配り上手。
楽器はチェロ。

いっしー

仕切るのが好き。
楽器はバイオリン。
指揮もときどきする。

第1章

出会い

第1話

新歓

日本の入学式は韓国と違って4月で、
満開の桜が咲き誇っていた。

大学の正門をくぐり抜けると、
多くの学生たちで賑わっていた。

日本では「新歓」と呼ぶらしいけど、

それぞれのサークルが新入生を募り歓迎会を
開いてくれる。

どのサークルに入るかが、
どんな大学生活を送るかの決め手になるという。

私はオーケストラサークルに入ることにした。

小さい頃からクラリネットを習っていたけれど、
フルオーケストラで編曲されていない原曲を
演奏するチャンスは今しかないと思った。

わたし、韓国語勉強中だよ！

イカゲーム？

ARMY　K-POP

私 BTS のファンなの！

日本語がまだ拙い私にみんなこう尋ねた。

どこから来たの？

韓国です。

へー
韓国？

ふーん

「ふーん」
…？

안녕하세요？

ペゴパ！

アンニョンハセヨ？

カムサハウニダ！

15

第 2 話

日本語上手ですね

新歓で集まった私たちはその場の
流れでランチを食べに行った。

学校近くの素朴なパスタ屋さん。
自己紹介の前に「ふーん」先輩は
あれこれ頼んでくれた。

17

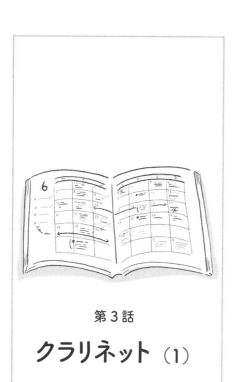

第3話

クラリネット (1)

1年生のためのオリエンテーションを終えてから、
ずっと忙しい日々を過ごした。

授業についていくのだけで必死だったし、

オーケストラでも日本語が聞き取れなくて
泣きそうになったこともあった。

日本独特の音楽用語に慣れていなかった。

聞こえてくる言葉を意味も分からないまま
恐る恐る韓国語でメモした。

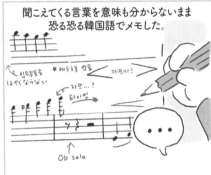

謎に周りから褒められることもあった。

日本に暮らして 3 ヶ月が経ったけど
友だちもあまりできず

オーケストラに行っても空回りしているように思えた。

私はその輪の中に入れず、
自分の周りだけ片付けてすぐに席を立っていた。

第4話

クラリネット（2）

クラリネットを始めたのは
小学校低学年の頃だった。

これといった理由はない。
ただ親にやらされただけ。

それが、いつからか
楽器で音を出すことが楽しくなってきた。

声に出して話すのがあまり好きじゃなくなったのと
ほぼ同じ時期だったと思う。

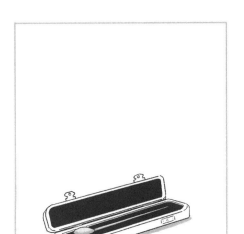

第 5 話

合奏練習

1年生初の合奏の練習が始まった。

楽団全体の定期演奏会ではなく
1年生だけで行う練習用合奏で、
私たちは規模の小さい曲を選んだ。

BEETHOVEN

ベートーヴェンの「エグモント」序曲。

迷惑をかけないように
譜読みは完璧に済ませておいたつもりだった。

ちょっと
ちょっと

…少なくとも、最初はそうだと思っていた。

＊ International Music Score Library Project（国際楽譜ライブラリープロジェクト）
著作権が切れた楽譜を無料で閲覧できる。

25

第6話

カフェ

部室で毎日練習をしているうちに
みーことしおりとも仲良くなった。

日本に来てから、なんだか落ち込んだ気持ちで
眠る日も多かったけど、

友だちと食べるスイーツは
いつもおいしかった。

第 7 話

夏合宿（1）

毎年恒例の夏合宿は長野で行われる。
冬の定期演奏会に備え、
みんなで練習三昧な日々を過ごす。

100 人以上の部員をわざわざ五時間半も
かけて移動させる必要があるかと思ったけど…

20 分間
停車します！

サービスエリアでみんなで食べたグルメは
おいしかった。

宿の食事も毎日豪華だった。

食べて練習して、また食べて練習する。
そんな毎日だった。

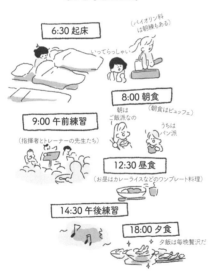

こんな生活が４泊５日間続く。

こんな慌ただしい日々の中、
毎晩コンパも開かれた。

第8話

夏合宿（2）

私は泣きながらサザエさんを検索した。

第9話

ボランティア

私たち管弦楽団はときどき地域の施設に
ボランティア活動に行く。

私は近所の小学校のボランティアコンサートに
写真撮影担当として参加した。

楽器紹介の
ときはパート別に
全部撮る必要は
ないよ

その代わり、
演奏するときの
パート別と全体の写真は
たくさん欲しいな

はい

ササッ

35

写真とりすぎた…
整理たいへん…

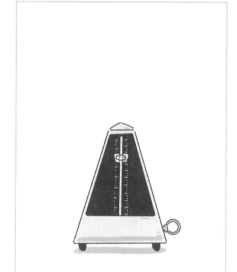

第 10 話

闇練

夏休みが終わり、
授業が再び始まった。

闇練メンバーも再び集まった。

うーちゃん

闇練

夜中に練習することを
指すオケ用語

いっしー

さとし

※サークルによって意味合いは違うらしい

第 11 話

ピンポーン

山積みの課題で二日連続で徹夜した。

カリカリ

今週分の課題
終わりー！

横になる
幸せよ

お腹すいた
けど
めんどい
なぁ

練習は
いつ
しよう

ばたり

ピンポーン！

第 12 話

告白

私たちはすったもんだしたあげく、
つきあうことになった。

仲良し同期3人組★

第2章

気づき

第 13 話

海苔を消化できる
のは日本人だけ

いっしー先輩とつきあってから
私の日常の一番の変化は、ごはんだった。

このくらいで
量は大丈夫?

はい

料理好きないっしー先輩が
いつもごはんを作ってくれた。

いただき
まーす

以前の私はスーパーで安く買った
おにぎりやパンで簡単に済ませていた。

49

第14話

世界一難しい言語

53

第 15 話

カラオケ

一緒にカラオケに行った。

カラオケ行こう!

おお…!

うーちゃんって
歌うときは
完全に
日本人だね

イントネーション
が完璧

びっくりー

さっきのいっしーの発言で自分の
イントネーションが気になりだしたうーちゃん

参考にできそうなレファレンスが案外思いつかなかった。

* 歌う際、鼻息を多用すること。韓国では日本人の歌声の特徴としてよく挙げられる。

56

第 16 話

宿題

つきあって1ヶ月くらいたったある日

宿題ができた。

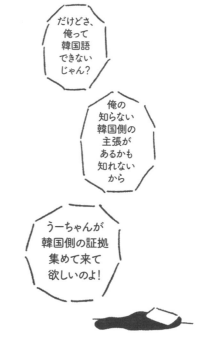

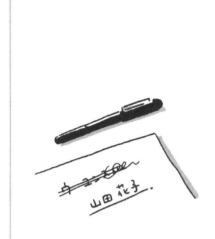

第 17 話

あなたは日本人 じゃないから

日本のサークル活動には
避けられない面倒な仕事が多い。

学外の練習場所を
借りに行くこともそのひとつだ。

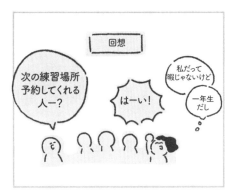

第18話

とはいえ 私だって市民です

結論からいうと

「外国人は公民館を利用できない」
という決まりはなかった。

ふぅ…

今思えば泣くほどのことでもなかったのに

うーちゃん、
大丈夫？

はい…

家についたらなぜか涙が止まらなかった。

私の事情を聞いたいっしー先輩は
すぐさま市役所に電話で問い合わせてくれた。

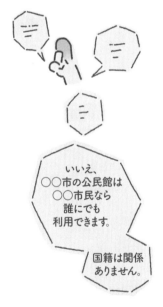

異郷での生活の疲れが
溜まっていたんだと思う。

それを聞いたいっしー先輩が
すぐ公民館にもクレーム電話を入れてくれた。

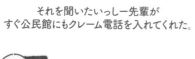

その後、何度もその公民館を利用したけれど

その担当者から謝罪の言葉は
一切なかった。

65

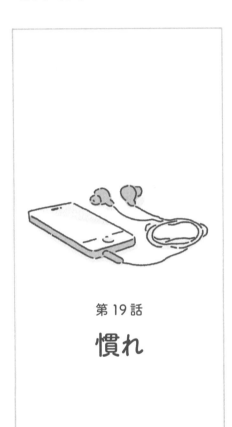

第 19 話

慣れ

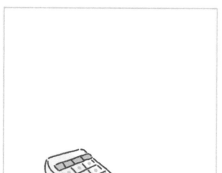

第 20 話

テレビ

いっしーが自分のテレビをくれた。

（正直、若干気が重い…）

第 21 話

執着の始まり（1）

いっしーとつきあい始めて何ヶ月か経った。

いつからかいっしーは
いつも不機嫌そうに見えたけれど

理由が分からなかった。

第 22 話

執着の始まり（2）

韓国語話者の独特のアクセントや
イントネーションが「生理的に無理」と
言われても、理解しがたいが、

それから韓国語話者独特のなまりは完全に消え
た。いっしーのおかげと言ってもいいかどうか…

いっしーの苦しみが、
私の努力で解決できる問題なら

日本人のふりをしてもバレなくなった。

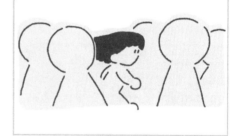

私がもう少し頑張ってみようと思った。

「日本語上手」はもう聞かなくなった。

…と、最初はそう思っていた。

だけど、これが執着の始まりだった。

アクセントやイントネーションに限った
ことだったかって？ さあ。

77

第 23 話

ツイッター（1）

第 24 話

ツイッター（2）

miiichaaalov · 15分

今日 M 響ブラ 3 !!!!!

mhk_classical ✔
本日の#暮らしっく音楽館は古典とロマン派のドイツ音楽を…
《ベートーヴェン & ブラームス》

スレッドをみる

♡1   ↻   ♡   ⬆️

salty_bass · 10分

あー今日バイトで見れないわ

clararinet_ga_tatta · 3分

私録画しておくから今度見においで

うーちゃん最高　愛してる

なになに　私も見に行く!

みんないつ暇?

ラインで連絡するね!

ツイッターが日常の一部になった。

あ、広告…

最初は知り合いのオケ友しか
フォローしてなかったけれど

などなど

この韓国系モデルさん知ってる

にしてもプロモーションなのにやたらリプ多いのはなんで？

そのうちオケと関係のない面白くて可愛い
アカウントもたくさん見つけた。

かわいい…

あ…

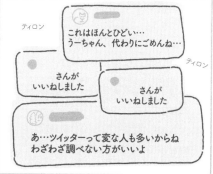

第3章
見て見ぬふり

第 25 話

大学祭

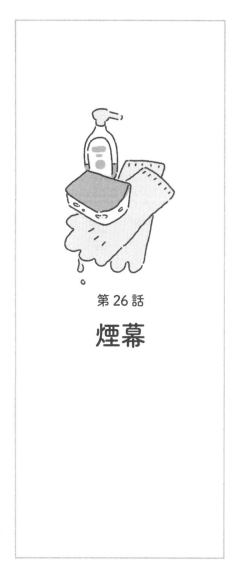

第 26 話

煙幕

91

第 27 話

定期演奏会

97

第 28 話

冬休み

自分のことは棚に

言語能力総量保存の法則

韓国の汁物、染みる…!

これ美味しすぎる!!
日本のコムタンって胡椒の味しかしなくて

ユンスルママ

ウリユンスリ*

話し方がちょっと日本語みたいに聞こえるねー

!?

*ユンスルちゃんみたいに愛情を込めていう韓国の呼び方

急発進

で、日本人の彼氏はできたの?

あ…うん、できた…

お母さんは賛成

…そいつは何専攻だ

物理?将来はどうするんだって?

お前まさか日本にずっといるつもりじゃないだろうな

結婚するなら韓国に連れてこい

俺の知り合いが物理学の教授やってるからそこでドクターを…

あ、もう何言ってるの聞こえませーーーん

アイゴ、あんたご飯食べてる子に余計なこというからー!

犬の香ばしい匂い保存装置ください

心の中の涙のコップ容量

＊韓国には名前の最後に「ア」「ヤ」「イ」などを付け、愛称とする習慣がある。
　（ユンスル＋「イ」→ユンスリ、ユンスル＋「ア」→ユンスラ）

帰る日には元気になっていた

第 29 話

宅飲み

時は流れ

センぱーい

私にも後輩たちができた。

うーちゃん先輩

うー先輩ー！

私たちはお酒買っていっしー先輩んちに直接向かいます

ではまた後で！

うん、ありがとうまた後でね

かわいい…

第30話

グループワーク

105

そのうちこの交換留学生はこの授業をやめた。

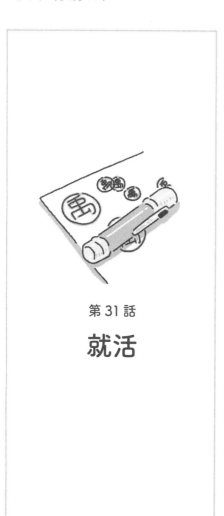

第 31 話

就活

新卒の就活シーズンがやってきた。

第 32 話

ラーメン

第 33 話

留学支援課

第 34 話

プレストとアンダンテ

忙しい毎日の中で

やっぱり
どう考え
ても

卒業演奏会で自分が演奏する
ソロ曲を決めた。

この曲が
一番やりたい!

その後も決めないといけないことは
山ほどあったけど

譜面のプリント　オケバックをお願いする
メンバーの選定

オケのパート譜レンタル　御礼の手紙

表紙デザイン　製本

ソロ用ドレス

真っ先にいっしーに知らせた。

いっしーには指揮を頼んだ。

音の上に自分の気持ちを乗せるのは
難しかったけど、

譜面上の音符たちを繋いで

単なる音符の羅列ではなく

音の文章を作る

日本での 4 年間の思いを込めた
演奏をしたかった。

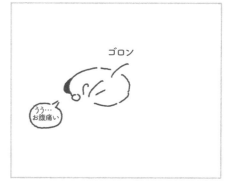

第35話

面接

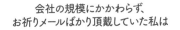

会社の規模にかかわらず、
お祈りメールばかり頂戴していた私は

ここが〇〇社
の本社ビル…

面接は
確か 3 階
だったよな

大手の新卒採用の書類選考に
通過しただけでも浮かれていた。

前髪よし

メイクよし

滝のような
手汗対策の
ハンカチよし

あ

あ

3

「私は
ウ・ユンスル
と申します。」

「私の志望
動機は…」

就活仲間
だな

3

121

この選考コース
を受けている
外国人は私と
さっきの子だけ
だったようで、

二人の中で
一人が選ばれる
としたら

それはきっと
自分の方なんだと、
なんとなく考えた。

私の方が日本人みたいだから。

…

髪切らなきゃ。

あの子には二度と会えなかった。

［○○］1次面接

1次面接の通過を
ご連絡いたします

カットの予約をしたいのですが。

はい。お名前を聞いてもよろしいでしょうか?

…

ウです。

ウ・ユンスルです。

あの子の連絡先、聞いておけばよかった…

第4章

必然

第36話

わだかまり

私たちはしばらくの間距離をおくことにした。

第 37 話

分かれ道

いっしーとはほぼ別れたような状態で
卒業演奏会の練習がはじまった。

よろしくお
願いしま
す!

パチ
パチ

今更指揮者を変えるには手遅れだったので、
練習はそのまま進めた。

では
1 楽章から
行きますー

…

私たちは必要最低限の言葉しか交わさず、
みんなの前では何事もなかったかのように
振る舞った。

でもこんな状況でさえ

練習は楽しい。

悩みは減った分また増えていった。

それに、いいこともあった。

私は最終的に大手を選んだ。

しかし、外国人という身分で
日本で暮らすために必要なものは

安定した職業だけではないようだった。

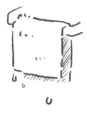

第 38 話

加湿器は
常に清潔に

就活も無事終わったし、
卒論もまあまあ順調に進んでいたので

練習
いこーっ
と♪

これからは卒業演奏会の練習に
励めると思ってたのに

れん
…

しゅう
…

体調が悪い日が続いていた。

いつも
熱はない
けどなぁ…

最近なんで
こんなに調子
悪いん
だろ

腹痛も
増えた

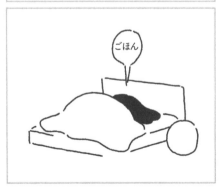

気づいた時にはすでに遅し。
気管支が異常を訴えていた。

すぐさまトイレへと直行した。

加湿器…
そういえばしばらく掃除してなかった…

肺に何か粉っぽいカビでもできた気分…

頭も痛いし朦朧とする…

私たちの冷戦状態はさておき、
いっしーは看病してくれた。

私たちはいつの間にかよりを戻してしまった。

第 39 話

卒演

時は流れ、卒業演奏会の日がやってきた。

同期たちが演奏する協奏曲オンパレードの中で

ついに私の番が回ってきた。

「ドレミファソラシド」の音階で始まる
オケバックに答えるように始まるメロディ。

素朴で田園的ながら優しいこの曲を
私は愛してやまなかった。

その中でも一番好きだった
第四番、フォルラーナ

平和と喜び、愛しさ
そしてどこかちょっと切ない舞曲

私が愛したこの曲はとても短く、

パチ

パチ

パチ

パチ

本当に
後悔はないと
言い切れる…？
分からない…

一度過ぎてしまった楽章は
二度と戻すことはできない。

第 40 話

さよなら

私は数週間前のいっしーとの喧嘩も忘れて
休日の幸せにただただ浮かれていた。

143

144

* 「お前、最低だな」の最も激しい言い方。余程のことがない限り使用しない。

第 41 話

うーちゃん

149

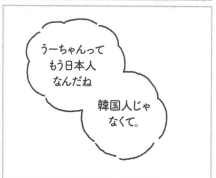

うー
ちゃん

じゃあ
俺と一度
つきあって
みては
どうよ?

イントネー
ションとか
まだ韓国人っぽい
ところは

俺が直して
あげれば
いいからさ

うーちゃんは
優しいから
聞いてくれる
よね

151

第42話

ユン　スル
윤슬

普通は
そうだよね。

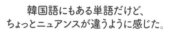

思い返してみれば、
いっしーは「普通」という言葉を
よく使っていた。

韓国語にもある単語だけど、
ちょっとニュアンスが違うように感じた。

彼の言う「普通」には、
なぜか「好ましい」という意味が
込められているように思えた。

「普通」じゃないものに対しては
ほとんどネガティブな反応が返ってきた。

でも、
考えてみれば、
私だって「普通」ではない

日本に
留学するのは
「普通」
だろうか。

普通の
留学生は私ほど
「外国人っぽくない」
日本語は
喋らない。

私が日本人に
見えたりするのは、
たまたま韓国出身
だから。

それに、
特に韓国は彼の思う「普通」とは
かけ離れた存在のようだった。

それでも結構長い間彼の要求する
「普通の日本人像」に近づこうとしたのは

彼と同じような考え方の日本人が少なくないと、
薄々と感じていたから。

うーちゃんは
もう日本人
だよねー！

私の好きなこの国で、
相手から好感を持たれるように
「日本人っぽい」人にならなきゃならなかった。
それが無理なら、日本人の好みに合う外国人。

「日本人みたい」は褒め言葉だった。

私は自分も気づかないうちに前者を選んでいた。

外国人からしたら単に喜べる言葉では
なかったが、悪意がないのを
知っていたから何も言い返さなかった。

自分が好感を持っている人から
理由もなく嫌われるなんて
耐えられそうに
なかったから…

だけど…

日本語をネイティブのように
話さなきゃならないという
圧迫感のあるこの国で

私の名前 "윤슬" を
それっぽく呼ぼうとする人はいなかった。

第 43 話

アン ニョン
안녕

いっしーと別れてから、彼は私の人生から不思議なくらいにきれいさっぱりと消えた。

まあ、最初の数週間はめんどくさいメッセージがちょくちょく送られてきたけど。

ところが、いっしーの片鱗のようなものが、私の日常を徐々に掌握し始めた。

157

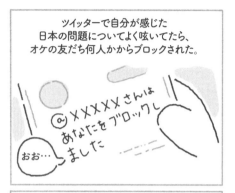

ツイッターで自分が感じた
日本の問題についてよく呟いてたら、
オケの友だち何人かからブロックされた。

@×××××さんは
あなたをブロックし
ました

おお…

いっしーと
つきあった反動が
こんなに大きい
なんて…

一度意識した
ら、もう世界が
いっしーだらけ
に見えてきた
…

ストレスが体に影響を与え始めた。

ピー
ゴー

あ
また耳
聞こえん

環境は
変わって
ないのに

見えてくるも
のが増えて
辛いのなら

悪いのは
自分なのか
…？

会社で偏頭痛で吐くことも多くなっていった。

オエッ…

日本で長く
暮らすつもり
だったのに…

もうここでの
自分の未来が
想像すら
できない…

「韓国人」という言葉の発音に
慣れないまま迎えた来日 11 年目の年に、

私は日本を離れた。

エピローグ

仲のよかった友だちにも
知らせずに日本を去った。
私はだいぶ疲れていた。

実家で何日も寝込んだ後、

ちょっと元気が出てきたのでフェイスブックに
私が日本を離れたことと、
その率直な理由について書いた。

丁寧な口調ではなかったと思う。

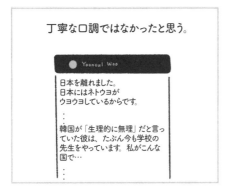

日本の数多くの友だちと知人たちが
反応してくれた。

いっしーからもメッセージが届いた。

日本で暮らしたことを後悔はしない。

私は韓国でもう少し休んだ後、

自分が当事者になってみるまでは見えていなかった大切なことをたくさん学んだから。

「チャンケ」
*1

朝鮮族

「トンナマ」
*2

「多文化家庭」
*3

「黒兄」
フッキョン

不法滞留者

税金泥棒

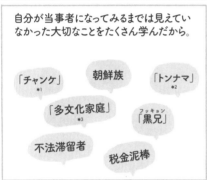

アメリカへ旅立った。

美大に行きたい
願いをそれなりに
叶えました
1-2 年で終わっちゃう
大学院だけどね…

韓国にも
いっしーみたい
なのがたくさん
あるんだな

自分が韓国出身であることを明かすのが
怖くないのは新しい経験だった。

*1 中国人を見下して使う呼び名　　*2 東南アジアの人を見下して使う呼び名

*3 結婚移民者と韓国国籍者からなる家族を意味するが、白人は含まないニュアンスで使われることがほとんどのため差別用土として扱われることが多い。

一方、自分の中の「いっしー」にも気がついた。

君は漢字文化圏で育ったわけでもないのに、日本語がすごく上手なんだね。

ほんと、気をつけないと…

自分が誰かにとっていっしーみたいな存在になるなんて、最悪すぎる

悪意がないのは分かるけど、今のその発言って差別的な発言だよ。

私からすれば、全然嬉しくない。

いま完全にいっしーになりきってったかも

サイアク…！

確かにそうだね

ほんとごめん

いいのいいの

？

あの…

私が手を貸してもよろしいでしょうか？

あ、助かります

自分にとっては些細なことでも
誰かにとっては大きな障害物かもしれない。

誰かに優しくしたいなら
知らないぶん、知ろうとしなければならない。

おわり

あとがき

　実は、私はクラリネット奏者ではありません。私がクラリネットを吹いてみても、空気がスカスカと通る音しかしないと思います。大好きな楽器であることは間違いありませんが。

　うーちゃんは私の一部を少し捻ってつくられたキャラクターです。センシティブな話をする分、「ダーリンはネトウヨ」の製作の初期段階では自分を表に出す勇気はなかったので、自分の代わりを作りました。最終的にはこの本は実名で出すことを決めたのですが、それでもうーちゃんというフィルターのおかげで率直な漫画が描けたのだと今となっては考えています。

　私は「意識が高い」つもりは全くありません。ただ、他人に優しくありたいとは思っています。自分は些細なことにもすぐ傷ついてしまう弱い人間で、できればそんなことは避けたいですし、同じように他人にも傷ついて欲しくありません。自分がされたくないことは、他人にもしたくない。それだけのシンプルなことです。ですが、気持ちだけでは優しい人にはなれないことも紛れもない事実です。それぞれ生まれも育ちも立場も違うので、悪意のなさが誰かを傷つけない保証にならないのです。全世界の国だけでも200前後の数がありますし（しかも数え方自体も色々）、人類が80億人に達した今、80億通りの知らない事情がありますから。差別をしない人なんて、どこにも存在しな

いのです。

　自分の差別主義者な面を直視するのは辛いし、正直、今でも怖いです。ですが、悪意もなく知らないうちに自分が加害者側になりうるということを知るだけでも、私が認識できる世界が前より広がっていくことを体感しています。おまけに、誰かが嫌いという感情の根底にはびっくりするくらいの高い確率で自己嫌悪が潜んでいることも。「自分を愛せない人は他人も愛せない」という陳腐な言葉の意味が、今更ながら「そういうことかー！」とじわじわと共感できるようになりました。ですが、こんなきれい事、言葉で簡単にまとめられても、なかなか人の心には届かないものですよね。

　そういう意味でも、コミックという形で何かを伝えるのは話し下手な自分にとってはありがたい媒体でした。日本で暮らした11年間、頭の中でふわふわと漂流していた思いのカケラたちが、こうやって一つのまとまったものになって嬉しいです。自分にとって安らぎと笑いのもとになったこの漫画が、どこかの誰かにもちょっとした癒しと気づきとして届きますように。

クー・ジャイン

解説

1．誰かにとっては「勝報」？

　美しくて懐かしいし、また同時に胸が痛くて時には顔が赤くなる物語。
『ダーリンはネトウヨ』の連載をリアルタイムで追っかけながら私が受
けた印象ですが、エンディングを知ってから作品を読み直してみると、
最後に主人公が日本から出て新しい国へ向かうこの物語は、誰かにとっ
ては、実は「勝報」かも知れませんよね。「帰れ」「日本から出てけ」み
たいな言葉を頭のどこかに置いている人にとって、ウ・ユンスルが居な
い日本は、彼女が居る日本と比べて、より「普通」に近い場所になった
はずです。日本の常識・文化・習慣・雰囲気・歴史観に染まらなくて従
わないものが日本から出ていけば自分の「勝ち」だと思っている「本当
のネトウヨ」の誰かは、この物語を著者の「敗北宣言」として読み取る
かも知れません。

　でも本当にそれで良いのでしょうか。「日本の差別」が勝って「外国
人のうーちゃん」が負けた話で『ダーリンはネトウヨ』を読んでいいの
でしょうか。本当のネトウヨがこの物語を読んでその「勝ち負け」を読
み取るなら、編集部がこの本のターゲットとして考えている読者層は何
を読み取るのでしょうか。「やっぱ差別って悪いよね」みたいな、決
まったキャッチフレーズを言いながらこの本を閉じればいいのでしょう
か。

2．いっしーという存在

　確かに以前と比べれば外国出身の人たちの日本での経験を伝える物語は少しずつですが増えています。しかしそれらと比べても『ダーリンはネトウヨ』が特別な理由は、ほかならぬ「ダーリン」の存在です。うーちゃんが平面的で典型的な韓国人ではなく「立体的な人物」として描かれるのと同じく、いっしーも「物語の悪役」ではなく、時には優しくて頼りになる、立体的な人物として描かれています。

　日本語能力が足りない留学生にタメ語を使う大学窓口の職員や、国籍を理由に公民館の利用を断る市役所の担当者、ネットにヘイトコメントを書く人たちではなくて、私の隣に居て、一緒に時間を過ごして、お互いのことを理解して頼れる人。名前のない「日本」からではなく「ダーリン」からぶつけられる偏見と優越感は、無垢でいつ出てくるか分からない。だからこそ重くて痛いわけです。

　「悪意はない」ことが前提で展開される、いっしーを含めた多くの日本人キャラクターの言動から、自分自信の姿を読み取る読者は少なくないでしょう。その「悪意はない」けど「優越感はある」恋愛のきっかけが、いっしーのある種の「うーちゃん啓蒙プロジェクト」だったことから、我々は「善意」とか「悪意」を超えた、日本のアジア諸国に対する根深い「優越感」に出くわします。

　韓国語話者向けにこの作品がネットで連載された時に、読者の中にはいっしーに対して「いったいどうすればあんな考え方ができるのか理解不可能」みたいな反応が多かったのです。確かに単純な悪役ではなく立体的に描かれているいっしーですが、やはり主人公のうーちゃんと比べ

れば彼について読者の我々にはまだ知らないことが多いですね。しかし、韓国の読者たちと比べて、日本語訳を読んだ日本の読者の多くは、そういったいっしーという人物を巡る空白を、自分で埋めながら読むことができたのでしょう。自分の周りの誰か、家族の誰か、それとも自分の中のいっしーとそれを作り出した経験を思い出しながら。

3．「成長」するうーちゃん

　恐らく日本の読者にはいっしーのことを「ネトウヨなんだけどそこを除けば悪くはない人」ぐらいに思う人も少なくないかも知れません。しかし、いっしーの抱えている問題は決して「ネトウヨ」であることではありません。そしてその問題こそが、国籍でも、民族でも、性別でもなく、うーちゃんといっしーの一番の違いなのです。

　物語の中のうーちゃんは、常に「成長」していきます。適当に楽しんでいた音楽に本気になって、歴史に関するいっしーの質問に自分の視野を広げる機会だと思って応じて、日本語能力を磨いて、一方で日本語を基準に他の留学生と距離を置く自分のことに気づいて、グループワークで交換留学生を助けるために通訳を頑張るなど、うーちゃんが日本で経験した「成長」こそが『ダーリンはネトウヨ』の中心です。
　そしてうーちゃんの成長は、日本を離れてからも止まりません。新しい国で自分を磨いて、また自分の中にあった「イッシーみたいな部分」を見つめ直して、他人のために新しいことに挑戦して声を届けようとする「成長」を、彼女は続けているのです。

　ひょっとしたら「差別意識」の反対語は「平等」とか「人類愛」とかではなく、「成長」なのかも知れません。限られた情報と偏見で構築された自分の世界観を強く信じて、たとえ目の前でその反証を見たとしても理由をつけてその価値観を信じ続けること。自分の偏見で他人にレッテルを貼るみたいに、自分自身も「男だから」「日本人だから」「〇〇だから」みたいな箱に閉じこめる人たち。そんな人たちが行う「差別」の裏には、その箱自体について本気で考えるのが怖い、「成長したくない」という未熟さがあるのではないでしょうか。

　もちろん「自分の成長」だけでは社会の構造的な差別どころか、隣の人の差別意識すら変えられないかも知れません。しかし、そこから始めるしかないでしょう。自分を見つめ直して前に進み続ける人と、それが怖くて止まっている人。読者のあなたはどんな人なのか、『ダーリンはネトウヨ』は問いかけています。

　いや、それでも結局ネトウヨの誰かにとって、この物語は「勝報」に過ぎないかも知れません。かれらの考え方を変えるのが無理なら、代わりに私は『ダーリンはネトウヨ』は我々全ての勝報であると言いたいです。他人のことを理解しようと頑張って、自分を見つめなおして、前に進んでいるウ・ユンスルを得た、世界に住む我々みんなの勝報ですと。

Moment Joon

173

【著・訳】

クー・ジャイン

今まで生きてきて一度もプロフィールなんて書くことのなかった一般人。
ひょんなことから 2022 年に「ダーリンはネトウヨ」の韓国語版の連載を NAVER の Best Challenge で始めました。イラストレーターと言いつつ、実は「あわベビ」というアプリのデザインを担当したり。でも本業はモーションデザイナーだったり。完全に万屋と化しています。デザイナーあるあるですね。本当は、この漫画は本名を伏せて出すつもりだったので、アカウント名に何の一貫性もないダサさを誇っています。
X(Twitter): @quillustration / Instagram: @netouyodarling
Instagram: @9oooooii（本当は伏せるつもりだった本来の自分）

【訳】

金みんじょん

韓国語を教えたり、ラジオに出たり、雑誌に記事を書いたり、翻訳をしたりしている何でも屋。KBS 東京通信員。慶應義塾大学総合政策学部卒業。東京外国語大学大学院総合国際学研究科博士課程単位取得退学。韓国語の著書に『母の東京 — a little about my mother』『トッポッキごときで』、共著書に『小説東京』『SF 金承玉』、韓国語への訳書に『那覇の市場で古本屋』（宇田智子著）、『渋谷のすみっこでベジ食堂』（小田晶房著）、『太陽と乙女』（森見登美彦著）、『縁を結うひと』『あいまい生活』『海を抱いて月に眠る』（以上 3 冊、深沢潮著）など。日本語への訳書は、『私は男でフェミニストです』『終わりの始まり』など。

【解説】

Moment Joon（モーメント・ジューン）

移民者ラッパーとして、唯一無二の目線を音楽で表現する。
2019 年に [Immigration EP] を発売。2020 年にアルバム「Passport & Garcon」を HUNGER、JUSTHIS の客演を迎えリリースしジャンルを越え大きな反響を呼ぶ。2021 年には「Passport & Garcon」の DX を Young Coco、蔡忠浩 (bonobos)、KIANO JONES、あっこゴリラ、鎮座 Dopeness、Gotch(ASIAN KUNG-FU GENERATIO) 等の客演を迎え大きな話題を呼ぶ。執筆業では、「文藝」秋季号で 4 万字にわたる自伝的ロングエッセイ「三代」を執筆後、岩波文庫の Web 連載にて日本移民日記を連載。多方面での活動の中で、今の日本に必要な事、今の日本に届いて欲しい言葉を彼にしか見えない、彼にしか書けない目線で届け続けている唯一無二の存在。

＊本書のタイトルは原作と同じである。「ネトウヨ」について明確な
　定義はないが、一般的に共有されている極端な排外主義者の像を拡
　張しながら、日常的に行われる無意識の差別に抵抗するための表現
　としてこの用語を用いた。

ダーリンはネトウヨ——韓国人留学生の私が日本人とつきあったら

2023年10月20日　　初版第1刷発行

　　　　著　者———— クー・ジャイン
　　　　訳　者———— クー・ジャイン、金みんじょん
　　　　解説者———— Moment Joon
　　　　発行者———— 大江道雅
　　　　発行所———— 株式会社 明石書店
　　　　　　　　　　〒101-0021 東京都千代田区外神田 6-9-5
　　　　　　　　　　電話 03-5818-1171　FAX 03-5818-1174
　　　　　　　　　　振替 00100-7-24505
　　　　　　　　　　https://www.akashi.co.jp
　　　　装　丁———— クー・ジャイン
　　　　印刷／製本—モリモト印刷株式会社

　　　　　　　　　　ISBN 978-4-7503-5616-7
　　　　　　　　　（定価はカバーに表示してあります）